yukismart.com/b/60b9d5

bebé

մանուկ

manowk

niño

տղա

tła

amigos

ընկերներ

ənkerner

niña

աղջիկ

ałjik

sonreír

Ժպտալ

žptal

llorar

լացել

lac el

cabello

մազեր

mazer

ojo

աչք

ač k

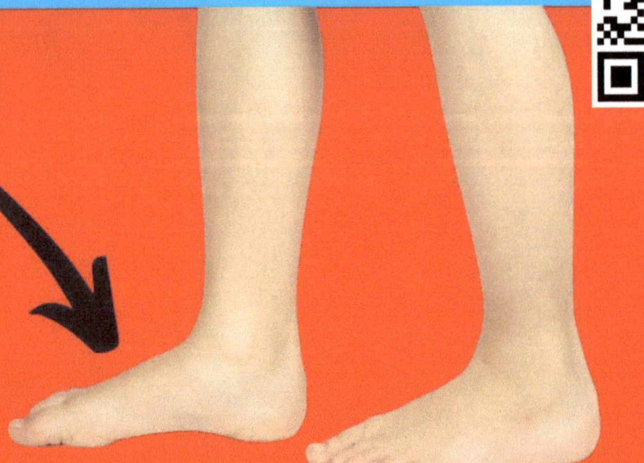

pie

ոտնաթաթ

otk

mano

ձեռք

je k

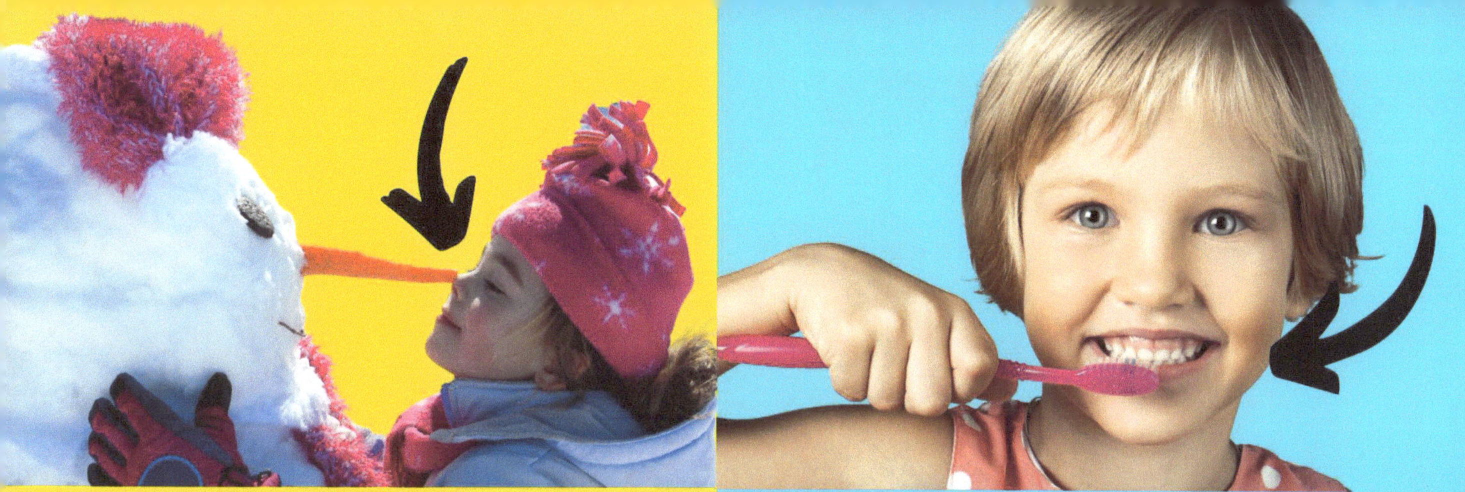

nariz

քիթ
k it

dientes

ատամներ
atamner

oreja

ականջ
akanǰ

lengua

լեզու
lezow

sol

արև

arEV

luna

լուսին

lowsin

estrella

աստղ

astł

árbol

ծառ

ca

pájaro

թռչուն

t č own

abrigo

վերարկու
verarkow

pantalones

տաբատ
tabat

vestido

զգեստ

zgest

zapatos

կոշիկներ

košikner

rojo

կարմիր

karmir

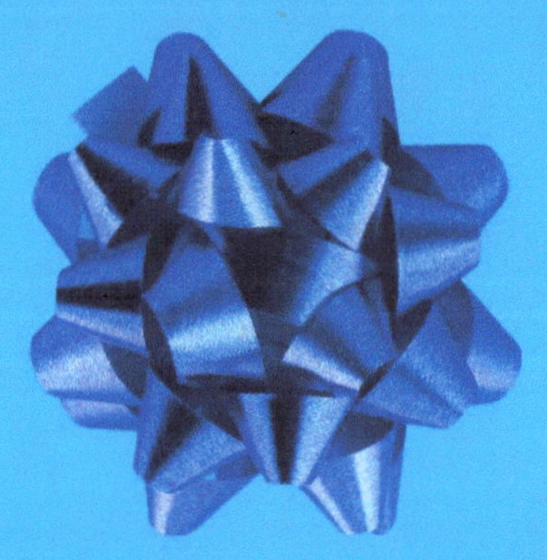

azul

կապույտ

kapowyt

amarillo

դեղին

dełin

rosa

վարդագույն

vardagowyn

blanco

 սպիտակ

spitak

verde

կանաչ

kanač

negro

սև

sEV

multicolor
բազմագույն
bazmagowyn

arcoíris

ծիածան

ciacan

manzana

խնձոր

xnjor

plátano

բանան

banan

tomate

լոլիկ

lolik

naranja

նարինջ

narinǰ

zanahoria

գազար

gazar

guisantes

ոլոռ

olo

patata

կարտոֆիլ

kartofil

maíz

եգիպտացորեն

egiptac oren

limón

լիմոն

limon

uvas

խաղող

xałoł

pera

տանձ

tanj

sandía

ձմերուկ

jmerowk

calabacín

դդմիկ

ddmik

huevo

ձու

jow

seta

սունկ

sownk

cuadrado

քառակուսի
k a akowsi

círculo

շրջան
šrǰan

rectángulo

ուղղանկյուն

owłłankyown

triángulo

եռանկյուն

e ankyown

gato

կատու
katow

perro

շուն
šown

pez

ձուկ
jowk

vaca

կով

kov

pato

բադ

bad

pollito

ճուտ

čowt

gallina

հավ

hav

rana

գորտ

gort

cerdo

խոզ

xoz

conejo

ճագար

čagar

ratón

մուկ

mowk

caballo

ձի

ji

oveja

ոչխար

oč xar

flor

ծաղիկ

całik

mariposa

թիթեռ

t it e

mariquita

զատիկ

zatik

caracol

խխունջ

xxownǰ

pastel

տորթ
t xvack

pan

հաց

hac

reloj

ժամացույց

žamac owyc

llave

բանալի

banali

libro

գիրք

girk

pelota

գնդակ

gndak

mesa

սեղան

sełan

plato

ափսե

ap se

silla

աթոռ

at o

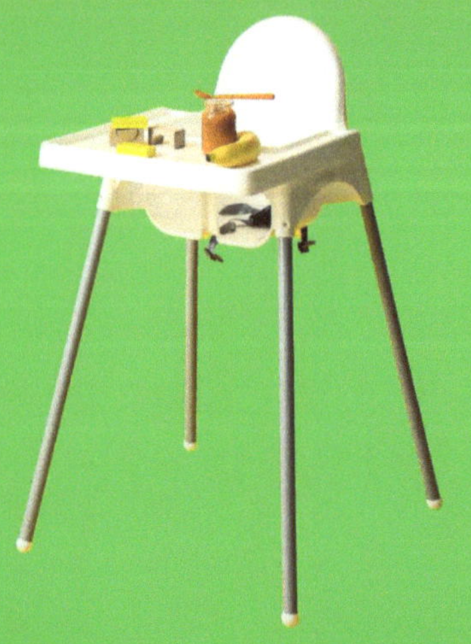

trona

կերակրասեղան

kerakrasełan

tenedor

պատառաքաղ

pata ak ał

cuchillo

դանակ

danak

cuchara

գդալ

gdal

taza

բաժակ

bažak

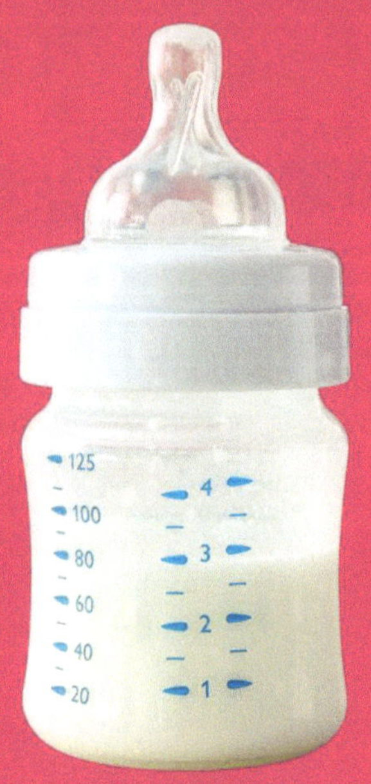

biberón

կերակրման շիշ
kerakrman šiš

vaso

բաժակ
bažak

cama

մահճակալ

mahčakal

cuna

օրորոց

mankakan ōroroc

oso de peluche

խաղալիք արջուկ

xałalik arǰowk

chupete

ծծակ

ccak

toalla

սրբիչ

srbič

lavabo

լվացարան

lvac aran

cepillo de dientes

ատամի խոզանակ

atami xozanak

jabón

օճառ

ōča

inodoro

զուգարանակոնք

zowgaranakonk

orinal

գիշերանոթ

gišeranot

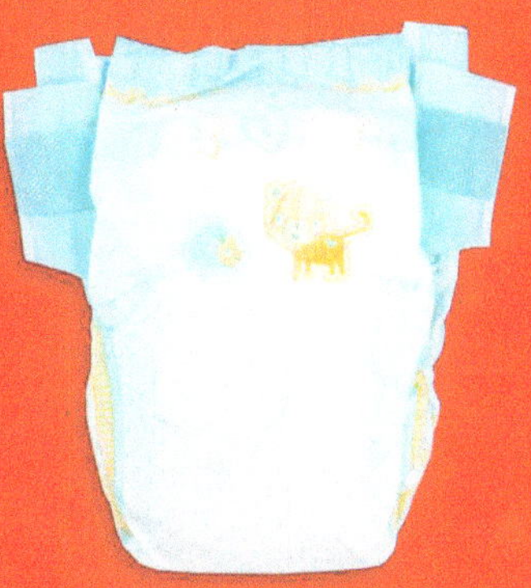

pañal

տակդիր

takdir

coche

ավտոմեքենա

avtomek ena

bicicleta

Հեծանիվ

hecaniv

avión

ինքնաթիռ

ink nat i

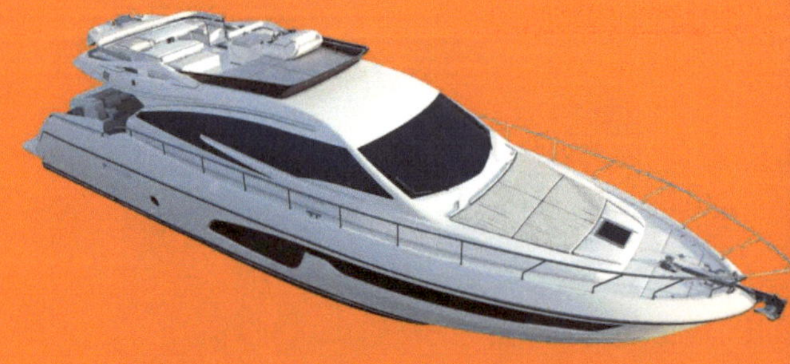

barco

նավ

nav

camión de bomberos

Հրշեջ մեքենա
hršeǰ mek ena

tren

գնացք
gnac k

juguetes

խաղալիքներ

xałalik ner

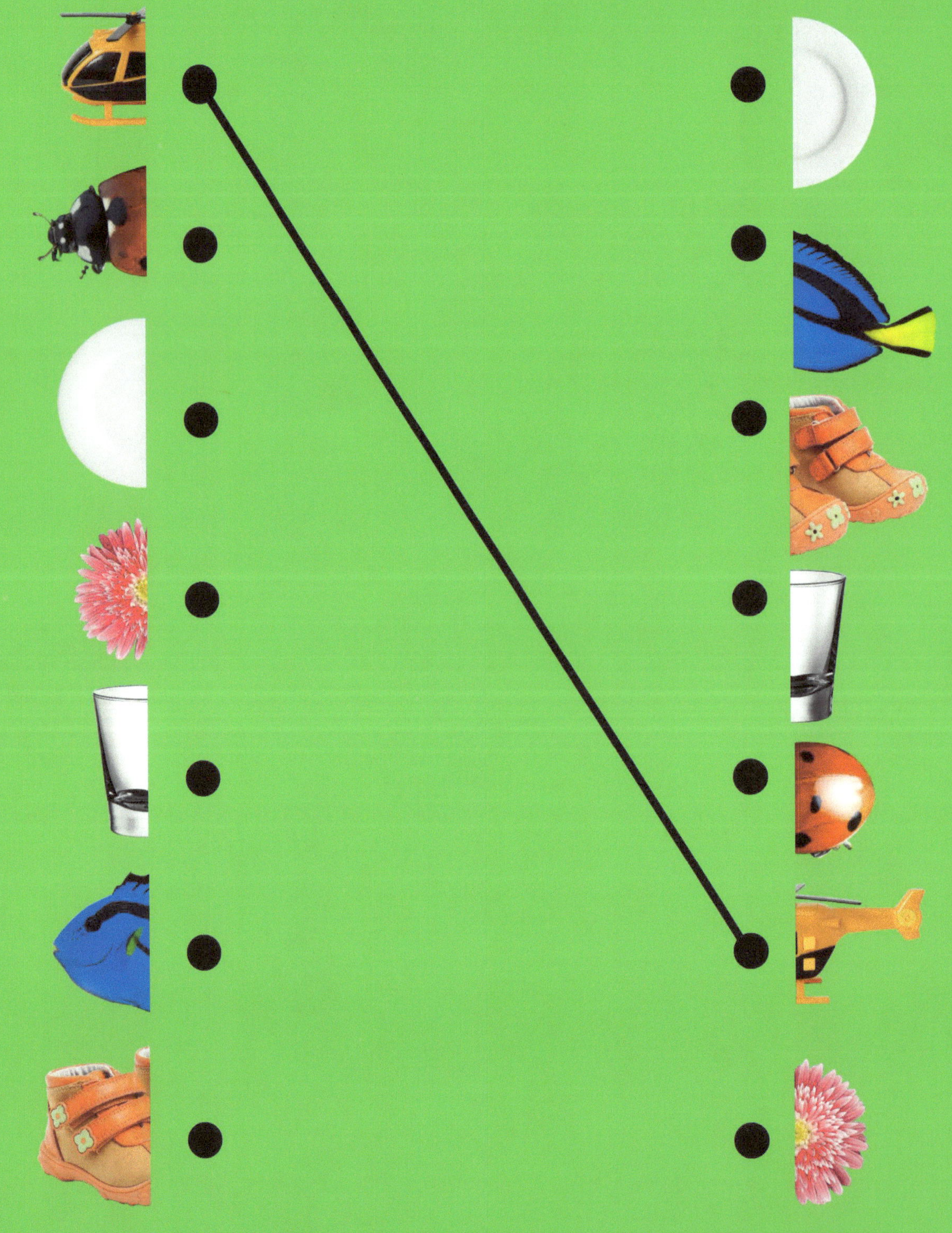